GEORGES MOUSSOIR

LES
DÉTENUS DU TEMPLE

(1797-1798)

REVUE DE L'HISTOIRE DE VERSAILLES ET DE SEINE-ET-OISE

VERSAILLES

LIBRAIRIE L. BERNARD, 17, RUE HOCHE.

1902

Georges MOUSSOIR

LES

DÉTENUS DU TEMPLE

(1797-1798)

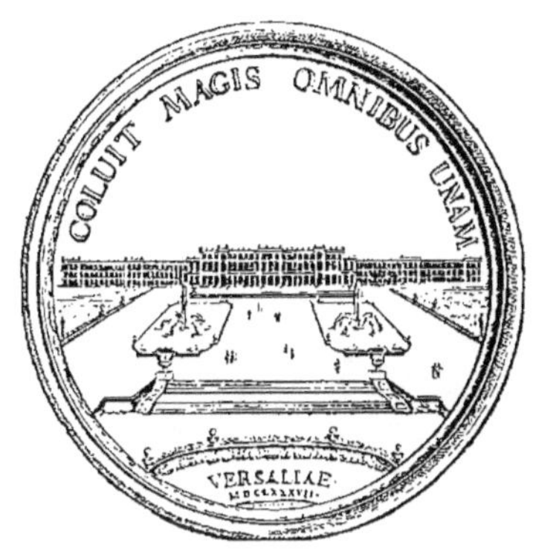

REVUE DE L'HISTOIRE DE VERSAILLES ET DE SEINE-ET-OISE

VERSAILLES

Librairie L. BERNARD, 17, rue Hoche.

—

1902

LES DÉTENUS DU TEMPLE

(1797-1798)

Les cinquante et un prisonniers qui furent incarcérés à Paris, dans la tour du Temple, en vertu d'un arrêté du Directoire exécutif du 12 vendémiaire an VI, et qu'on appela alors « les détenus du Temple », étaient des habitants des départements de l'Eure et d'Eure-et-Loir, notamment de Dreux, Verneuil, Nonancourt et régions environnantes, qu'on accusait d'avoir participé à une conspiration tramée, en l'an IV et en l'an V, dans les départements de l'Eure et de l'Eure-et-Loir, contre la sûreté intérieure de la République, conspiration se rattachant aux menées royalistes déjouées par le coup d'Etat du 18 fructidor an V.

L'acte d'accusation dressé contre ceux des prisonniers qui, après une longue et pénible détention, furent renvoyés devant le Tribunal criminel de Seine-et-Oise (1), débute par une véritable page d'histoire, dans laquelle le magistrat rédacteur, Barbier, juge au tribunal de Versailles, expose, avec les appréciations que lui commandait sa situation, les événements politiques de l'an IV et de l'an V, au milieu desquels s'étaient produits les faits reprochés aux détenus du Temple :

« La conspiration de vendémiaire an IV, dont les efforts ont été si violents et si généraux, qui devait de tous les départements de la République, par le choc de tous les partis abusés, aigris et irrités, ne faire qu'une Vendée universelle, n'a été que comprimée et non dissoute par la victoire de la Convention nationale;

(1) Archives du Tribunal civil de Versailles.

la loi d'amnistie rendue en brumaire de la même année, acte de
clémence et de courage, n'a paru qu'un acte de faiblesse aux
conspirateurs, et n'a point touché de repentir ceux qu'elle a sous-
traits à la peine qu'ils avaient méritée; ils ont suivi avec plus
d'audace et de constance le plan tracé de la contre-révolution,
qui consistait à faire servir les principes et l'organisation même
de la République au renversement de la Constitution de l'an III
et au rétablissement de la royauté.

« Suivant ce plan, on a vu les fonctions législatives, admi-
nistratives et judiciaires ambitionnées et obtenues par un grand
nombre d'hommes aigris, avides de vengeance et partisans secrets ou déclarés du despotisme ancien; on a vu allumer dans
tous les points des foyers de fanatisme; on a vu les presses, les
écrits, les journaux répandre la corruption, exciter les haines,
pervertir l'opinion et l'esprit publics.

« Rien n'a été négligé; et les mouvements et les tentatives
anarchiques mêmes ont été combinés et rattachés au plan royaliste.

« Bientôt les approches de germinal an V ont fait concevoir
aux conspirateurs les plus hautes espérances; et l'émigré de
Blankenbourg (1), méprisé même des traîtres qui l'ont suivi, méprisé des puissances ennemies de la République, qui n'ont pris
les armes contre elle que pour la déchirer et s'en partager les
lambeaux, voyant cette République française glorieuse et triom-
phante au dehors, forcer ses ennemis de respecter sa grandeur
et sa puissance, a cru trouver plus de ressources au dedans, dans
les âmes viles vouées à la perfidie et vendues à la trahison.

« Des commissaires, des agents de ce méprisable et odieux
fantôme ont été saisis à Paris en flagrant délit, au milieu de leurs
trames d'embauchage et de leurs criminelles machinations (2) :
ils ont été traduits devant un conseil militaire; que d'efforts n'ont
pas été faits pour les enlever à ce tribunal intègre et républicain?

« Ces efforts ont été vains, mais la peine légère qui a été
prononcée contre des conspirateurs qui avaient juré la ruine de
la République n'a été qu'un acte de mépris pour eux, et qu'un
motif d'encouragement pour leurs complices.

(1) Louis XVIII.
(2) L'abbé Brottier, Laville-Heurnois et Duverne de Presle.

« Le parti, bien formé et bien lié, n'a point été déconcerté :
il s'est confié dans ses forces; il voyait un grand nombre des
ennemis de la souveraineté du peuple exercer en son nom cette
souveraineté; il voyait des émigrés et des fauteurs d'émigrés,
transformés en représentants du peuple, donner le signal de la
guerre civile à la tribune du Corps législatif; il voyait les administrateurs antirépublicains, les uns sourire aux efforts et aux
succès de la faction, les autres seconder avec ardeur ces mêmes
efforts vers le rétablissement de la royauté et de l'intolérance
fanatique.

« Alors, tous les républicains par principes et par amour pour
la liberté, tous les acquéreurs de biens nationaux, les fidèles
fonctionnaires publics, les défenseurs de la Patrie, pleins d'inquiétudes, d'anxiété pour la chose publique et pour eux-mêmes,
se voyaient injuriés, menacés, et désignés à la proscription.

« L'étendard contre-révolutionnaire allait être déployé sur
le sol de la République, et la lutte sanglante des forcenés partisans du despotisme ancien et du fanatisme allait commencer
contre tous les fondateurs, les soutiens et les défenseurs de la
liberté, lorsque, le 18 fructidor, les chefs de cette vaste conjuration ont été frappés inopinément et les subalternes réduits à
l'impuissance. »

Après cet exposé général, l'acte d'accusation fait connaître plus
spécialement la situation politique dans les départements de
l'Eure et d'Eure-et-Loir, et surtout dans les parties de ces départements signalées comme des centres de conspiration :

« A Verneuil et à Dreux et cantons environnants, la Constitution de l'an III a été rejetée dans des assemblées primaires.
Verneuil, Nonancourt et Dreux ont alors formé une coalition;
et il en est sorti de nombreux émissaires, pour faire sonner le
tocsin dans les communes et cantons environnants, et pour y
semer l'alarme : des hommes qui se donnaient à eux-mêmes la
qualification d'honnêtes gens appelaient à leur secours, en se
disant opprimés, les citoyens qu'ils voulaient entraîner à abandonner leurs sentiments de fidélité pour la République; des
attroupements tumultueux d'hommes armés se sont mis en
marche pour se porter sur Nonancourt, s'y grossir, et se rendre
à Verneuil. Mais la Convention nationale députa dans cette

commune le représentant du peuple Duval, qui envoya au-
devant de ces attroupements un détachement de la force armée
de la République. Une action a eu lieu entre les troupes républi-
caines et ces insurgés. L'attroupement séditieux a été dissipé, et
vingt-six prisonniers sont tombés au pouvoir des républicains;
ainsi, en vendémiaire an IV, ce n'est qu'avec le secours de la
force jointe à la prudence que les deux départements ont été
préservés de la guerre civile et de toutes les horreurs qu'elle
entraîne à sa suite.

« L'amnistie du 3 brumaire an IV n'a point eu, dans ces départements comme ailleurs, l'effet d'inspirer aux hommes aux-
quels la clémence généreuse de la Convention nationale a été
appliquée des sentiments de paix et de reconnaissance.

« L'esprit public a continué, dans ces départements, de se
corrompre de plus en plus; des placards incendiaires et royalistes y ont été distribués et affichés en plusieurs lieux; ils
contenaient des provocations directes à rétablir la religion et la
royauté. Les événements les plus horribles et les plus désas-
treux y ont eu lieu; les arbres de la Liberté y ont été abattus, les
citoyens y ont été désarmés, les fonctionnaires publics y ont été
mutilés, forcés de crier : Vive le Roi! et de promettre de ne plus
remplir aucunes fonctions; des assassinats y ont été commis au
nom de Louis XVIII en différents cantons; et les feux qui ont
embrasé et dévasté la Vendée ont été allumés en plusieurs lieux,
et y ont jeté des lueurs effrayantes. »

Lors de l'arrestation à Paris, le 11 pluviôse an V, des trois
agents de Louis XVIII, l'abbé Brottier, Laville-Heurnois et
Duverne de Presle, les papiers saisis chez eux avaient appris au
Directoire une grande partie des détails de la conspiration royaliste. Le Directoire avait appris, notamment, l'existence d'une
association royaliste qui se donnait le nom d'*Institut philanthro-
pique*, dont le centre était à Paris, et qui avait des ramifica-
tions dans les départements environnants, principalement dans
ceux de l'Eure et d'Eure-et-Loir, où elle pouvait recruter
quelques débris de la chouannerie. Ces renseignements avaient
été complétés par les révélations de Duverne de Presle, révélations dont le Conseil de guerre permanent de Paris lui avait
tenu compte ainsi qu'à ses complices, en ne les condamnant,

le 19 germinal, qu'à une peine d'emprisonnement. Les indications ainsi recueillies par le Directoire, et qu'il tint assez longtemps secrètes, furent mises à profit lors des proscriptions qui suivirent le coup d'État du 18 Fructidor.

Cependant, le ministre de la Police générale ne parvenait pas à saisir les affiliations des *philanthropes* dans les départements de l'Eure et d'Eure-et-Loir, sur lesquels le Gouvernement exerçait une surveillance continuelle, lorsqu'une dénonciation sembla devoir le mettre sur la voie.

Un canonnier, nommé Buot, originaire des environs de Dreux, avait obtenu, avant le 18 fructidor an V, un congé limité pendant lequel il était revenu dans son pays natal. Là, il s'était employé à échanger des correspondances très actives entre personnes appartenant ou passant pour appartenir au parti royaliste. Quand vint le moment où Buot devait rejoindre son corps, il fit sur sa permission des altérations qui en prolongeaient la durée, mais la fraude fut découverte ; Buot fut arrêté et conduit dans une prison militaire de Paris. C'était quelques jours après le coup d'État du 18 Fructidor : le général Augereau commandait encore, à Paris, l'armée de l'intérieur.

Buot écrivit à Augereau qu'il avait à faire des révélations importantes pour le salut de la République. Le général fit paraître Buot devant lui, et les renseignements qu'il en obtint lui parurent assez intéressants pour qu'il les transmît immédiatement au ministre de la Police générale.

Le ministre envoya sur-le-champ, dans les départements de l'Eure et d'Eure-et-Loir, des agents « instruits des secrets de la faction royaliste », avec mission d'épier les démarches d'un grand nombre de personnes qui s'étaient montrées, en différentes occasions, les ennemis déclarés du gouvernement républicain, et qui, notamment, en vendémiaire an IV, avaient pris une part active à des actes séditieux.

Les agents remplirent leur mission, dont ils rendaient compte au ministre par des rapports journaliers. Ce fut sur leurs indications que le Directoire exécutif, par arrêté du 12 vendémiaire an VI, décerna des mandats d'arrêt en vertu desquels cinquante et un habitants des régions suspectes furent arrêtés et amenés au Temple, tandis que les scellés étaient apposés au domicile de ceux dont l'arrestation n'avait pu être opérée.

Aux termes de l'arrêté du 12 vendémiaire, les prévenus devaient être amenés devant le ministre de la Police générale, « qui les interrogerait pour, sur le vu de leurs interrogatoires et des pièces qui pourraient être saisies sur eux, être statué ultérieurement ce qu'il appartiendrait ».

Le ministre confia d'office le soin de faire ces interrogatoires à Creston, juge de paix de la division des Amis de la Patrie, « officier de police judiciaire du canton de Paris ». Les interrogatoires commencèrent le 7 brumaire et furent terminés en quelques jours.

Une question se présenta alors qui préoccupa le Directoire exécutif, et qui le préoccupa assez longuement pour prolonger de quelques mois la captivité des détenus du Temple. Les règles de compétence, en matière de juridiction criminelle, voulaient que les accusés fussent renvoyés soit devant le jury d'accusation de Chartres, soit devant celui d'Evreux. Or, le Gouvernement craignait que les jurés de l'Eure ou d'Eure-et-Loir chargés d'apprécier les crimes et délits reprochés à leurs concitoyens, à leurs amis, n'y pussent apporter toute l'impartialité désirable ; il craignait, en outre, pour la sécurité des juges, des jurés, des témoins, dans ces contrées où ne s'était pas encore fait l'apaisement ; il avait, en outre, des craintes, moins justifiées peut-être, pour la sécurité des accusés.

Après deux mois de réflexion, le Directoire exécutif se décida à saisir le Tribunal de Cassation d'une demande en règlement de juge, et prit, à cet effet, l'arrêté suivant, à la date du 26 nivôse :

« Le Directoire exécutif, après avoir entendu le rapport du ministre de la Police générale, avoir pris lecture des pièces et interrogatoires subis le 7 brumaire et jours suivants devant le susdit ministre par les nommés....., lesquels sont prévenus de conspiration contre la sûreté intérieure de la République et d'enrôlement pour la chouannerie, et d'être chefs ou membres de l'association royale connue sous le nom d'Institut philantropique ;

« Considérant qu'il serait dangereux pour les juges, les jurés et les témoins à entendre dans la procédure à instruire contre les prévenus, que cette procédure s'instruisît dans les départements d'Eure et d'Eure-et-Loir, attendu les suites funestes qui pourraient en résulter pour la tranquilité publique encore troublée, dans ces contrées, par des tentatives nouvelles de chouannerie, par des assassinats et des chauffages;

« Considérant qu'il y aurait également du danger pour les prévenus d'être conduits dans les lieux où ils sont suspectés par leurs concitoyens d'avoir participé à une foule de crimes pendant deux années et d'avoir conspiré contre la Patrie;

« Considérant que l'article 254 de l'Acte constitutionnel a investi le Tribunal de Cassation du droit de renvoyer le jugement des procès à un autre tribunal que celui qui est saisi de droit, lorsque la sûreté publique exige cette mesure;

« Arrête que, par son commissaire près le Tribunal de Cassation, ce tribunal sera requis, pour cause de sûreté publique, de renvoyer l'instruction et le jugement du procès dont il s'agit devant tout autre directeur du jury d'accusation, et en cas d'accusation admise, devant tout autre tribunal criminel que les directeurs du jury d'accusation de Chartres et d'Evreux et les tribunaux criminels des départements d'Eure et d'Eure-et-Loir. »

Puis, plus de deux mois se passent sans que le Tribunal de Cassation soit appelé à statuer en vertu de cet arrêté.

La situation des détenus du Temple était devenue très pénible. Les plus nombreux étaient des cultivateurs, des vignerons, des petits commerçants, des ouvriers, des journaliers. Ils avaient rapidement épuisé les très modestes ressources qui leur permettaient d'adoucir le régime de la prison. Presque tous savaient leurs familles dans la misère. La longueur de leur détention, leur dénûment, leurs inquiétudes provoquèrent des maladies qui rendirent absolument digne de pitié le sort de beaucoup d'entre eux.

Des pétitions étaient adressées par eux et par leurs familles au ministre de la Police générale; elles étaient apostillées par des municipalités, par des représentants du peuple. Les détenus suppliaient qu'on les mît en liberté provisoire, ou qu'on se décidât à les faire juger: ils demandaient aussi qu'on leur permît de se faire soigner : l'un d'eux écrivait au ministre que, depuis cinq mois, il avait trois vésicatoires sur le corps, et qu'on lui avait retiré la permission qu'il avait obtenue de sortir pour prendre des bains.

La détention de ces malheureux durait depuis six mois, et rien ne leur permettait d'en espérer la fin.

Le 11 germinal, le commissaire du Pouvoir exécutif près le Tribunal de Cassation écrivit au ministre de la Police générale :

« Citoyen,

« J'ai eu l'honneur d'écrire à votre prédécesseur, le 16 pluviôse dernier, pour avoir les pièces à l'appui de l'arrêté du Directoire exécutif du 26 nivôse an VI relatif *aux détenus du Temple*. On m'a dit que cette affaire avait été de nouveau soumise au Directoire. Je l'ignore. Veuillez me marquer si je dois aller en avant, et alors faites-moi parvenir les pièces nécessaires.

« Salut, fraternité.

« ABRIAL. »

Le 17 germinal, le ministre, qui était alors Doudeau, répondait :

« Il a été effectivement, citoyen, fait plusieurs rapports au Directoire exécutif, relativement aux individus détenus au Temple, mais le Directoire n'a pris encore aucune détermination à leur égard. Je vous invite à suspendre toute démarche ultérieure, jusqu'à ce que je vous ai transmis son intention. »

En marge de la minute de la lettre était l'annotation suivante :

« Prendre, avant d'expédier cette lettre, les ordres particuliers du Ministre.. »

Cette annotation était suivie de celle-ci :

« C'est d'après l'ordre du Ministre que cette lettre a été minutée. »

Le 5 germinal, Dugué d'Assé, membre du Conseil des Anciens, avait écrit au ministre de la Police générale :

« Citoyen ministre,

« Une foule de femmes éplorées dont les maris ou parents, tant du Mans que de Dreux, sont accusés ou inglobés dans des conspirations auxquelles je n'ai pas de foi, me tourmentent, depuis cinq mois que les prétendus conspirateurs sont détenus, pour opérer ou leur jugement ou leur élargissement ; j'en ai parlé à votre prédécesseur, je vous en ai parlé, citoyen ministre, et les choses sont toujours dans le même état ; de grâce, au nom de la justice et de l'humanité, faites jugez ou élargissez.....

« Salut, amitié et sincère fraternité.

« Dugué d'Assé. »

Dans un rapport fait au ministre de la Police générale, le 22 germinal, on lui disait : .

« ... Les pétitions des détenus s'accumulent tous les jours, leurs ressources s'épuisent, la plupart d'entre eux a contracté par la détention des maladies que les peines d'esprit et l'incertitude dans laquelle on les retient ne peuvent qu'aggraver et qui les rendent un objet de pitié pour ceux qui les connaissent, pour les citoyens qui s'intéressent à eux à Paris et dans leur département.

« Le représentant du peuple Dugué d'Assé, dans une lettre ci-jointe qu'il vous écrivit le 5 germinal, s'explique avec assez d'aigreur sur le silence que l'on garde relativement à ces détenus, pour faire supposer que l'on pourrait bien se servir de ce moyen pour jeter de la défaveur sur la conduite du Gouvernement et pour le faire paraître tyrannique... »

Ces considérations semblèrent, sans doute, de nature à motiver une prompte solution, car, le 24 germinal, le ministre de la Police générale écrivait au commissaire du Pouvoir exécutif près le Tribunal de Cassation :

« Vous pouvez, citoyen, donner suite à l'affaire des détenus du Temple conformément à l'arrêté du Directoire exécutif du 26 nivôse dernier, et ce nonobstant ma lettre du 17 du courant. Je vous transmets, ci-joint, les pièces à l'appui de cet arrêté, et je vous invite à m'en accuser réception ainsi qu'à m'instruire du parti qu'aura pris le Tribunal de Cassation relativement à cette affaire.

« Je vous observe que le Gouvernement met, ainsi que moi, une haute importance à ce qu'un tribunal sage et républicain soit chargé de l'instruction des procédures auxquelles ces pièces vont donner lieu, afin que les auteurs des trames liberticides qui s'ourdissent contre la tranquilité publique puissent se convaincre par cet exemple de sévérité que rien ne pourra soustraire désormais au glaive de la justice les coupables, de quelque masque qu'ils se couvrent et de quelque parti qu'ils soient. »

La veille, le ministre de la Police générale avait reçu du ministre de la Justice une lettre assez sèchement impérative :

« Je vous ai écrit le 12 ventôse dernier, mon cher collègue, pour vous demander par qui étaient dirigées les poursuites contre plusieurs particuliers du département de l'Eure et d'Eure-et-Loir détenus au Temple comme prévenus de conspiration. Je vous réitère cette demande et vous invite à me répondre le plus tôt possible.

     « Salut et fraternité.

« LAMBRECHTS. »

Le 29 germinal, le ministre de la Police fait parvenir au commissaire du Pouvoir exécutif près le Tribunal de Cassation le dossier de l'affaire avec cette lettre :

« Ainsi que je vous en ai prévenu par ma lettre du 24 germinal, je vous transmets ci-joint, citoyen, soixante-quatre liasses de pièces relatives aux détenus d'Eure et d'Eure-et-Loir, et un bordereau de ces pièces. Je vous engage à m'accuser la réception de ces pièces et à m'instruire du résultat de vos soins pour satisfaire aux intentions exprimées par ma dernière du 24 germinal. »

Le dossier était volumineux : les soixante-quatre liasses contenaient sept cent vingt-neuf pièces.

Le ministre de la Police devient, à son tour, impatient de voir terminer l'affaire ; le 2 floréal, il écrit au commissaire du Pouvoir exécutif :

« Je vous invite, citoyen, à présenter le plus promptement au Tribunal de Cassation votre rapport tendant à obtenir de lui la désignation d'un tribunal chargé de juger les détenus d'Eure et d'Eure-et-Loir. La longueur de la détention qu'ont éprouvée ces détenus est une peine déjà bien terrible pour la plupart d'entre eux, et l'humanité nous prescrit de ne négliger aucun moyen pour l'abréger, en faisant punir les coupables, et en rendant les innocents à leur famille et à la société.

« Je vous engage à m'instruire du parti qu'aura pris le Tribunal de Cassation sur votre réquisitoire relatif à cette affaire. »

Satisfaction lui est promptement donnée, et, le 9 floréal, il reçoit la réponse suivante :

« Citoyen,

« J'ai l'honneur de vous annoncer que le Tribunal de Cassation a prononcé hier, 8 floréal, sur l'affaire des détenus du Temple. Le renvoi est au tribunal de Seine-et-Oise. Je fais parvenir aujourd'hui le jugement et les pièces au ministre de la Justice.

« Salut, fraternité.

« ABRIAL. »

Après avoir entendu la lecture de l'arrêté du Directoire exécutif du 26 nivôse, le Tribunal de Cassation avait rendu le jugement suivant :

« Le tribunal, prenant en considération les motifs exprimés dans le réquisitoire du juge faisant les fonctions de commissaire, et en vertu de l'article 254 de l'Acte constitutionnel, renvoie la connaissance et poursuite des délits dont sont prévenus les dénommés au réquisitoire, circonstances et dépendances, au directeur du jury près le tribunal correctionnel de Versailles pour, suivant les cas, être, les prévenus, renvoyés au tribunal de police correctionnelle de Versailles ou au tribunal criminel de Seine-et-Oise. »

Par deux arrêtés des 19 et 21 floréal, le Directoire exécutif rapporte son arrêté du 12 vendémiaire an VI en ce qui concerne vingt-quatre prévenus, qui sont mis en liberté après une détention de sept mois. Les autres quittent la tour du Temple pour être, en vertu d'un ordre du « Bureau central du canton de Paris » du 29 floréal, conduits à Versailles où ils sont écroués à la Maison d'arrêt.

Le directeur du jury près le tribunal correctionnel de Versailles, à qui était renvoyé la connaissance de l'affaire, était alors Barbier, juge au tribunal de Versailles.

Dans les vingt-quatre heures de l'arrivée des accusés, il les entend sur les causes de leur arrestation et de leur détention. Puis,

**

à la date du 9 prairial, il rend une ordonnance aux termes de laquelle « il a pris toutes les pièces à lui transmises par le ministre de la Justice, et s'est livré à l'instruction et poursuite qui lui étaient confiées en vertu du jugement, comme officier de police judiciaire immédiat, aux termes des articles 140 et 141 du Code des délits et des peines ».

Quelque nombreuses que fussent les pièces qui lui avaient été transmises, le directeur du jury n'y trouvait sans doute pas de charges suffisantes contre les prévenus, ou, au moins, contre certains d'entre eux, car, le 22 prairial, il écrivait à Lecarlier, qui avait remplacé Doudeau au ministère de la Police générale, pour lui demander de plus amples renseignements.

Le 26 prairial, le ministre lui répondait :

« J'ai reçu, citoyen, votre lettre du 22 courant, relative aux prévenus de conspiration du département d'Eure-et-Loir. Toutes les pièces relatives à cette affaire vous ont été adressées, et je n'ai aucuns renseignements à vous fournir autres que ceux qui vous ont été transmis. Je désire connaître tous les résultats de l'instruction de cette affaire importante et je vous invite à me les transmettre avec exactitude.

    « Salut et fraternité.

« LECARLIER. »

Le 21 messidor, nouvelle demande du directeur du jury, qui désire connaître les déclarations des agents royalistes condamnés en germinal an V, déclarations que le Directoire avait fait imprimer pour justifier le coup d'État de Fructidor.

Le 26 thermidor, le ministre répond :

« J'ai reçu, citoyen, votre lettre du 21 courant. J'ai transmis au ministre de la Justice la demande que vous m'y faites des pièces imprimées que le Directoire exécutif a fait publier et qui ont quelque rapport à l'association royale connue sous le nom d'Institut philantropique, telles que les déclarations de Dunan (1), de Duverne du Presle et autres.

    « J'invite mon collègue à vous faire l'envoi de ces pièces.

    « Salut et fraternité.

« LECARLIER. »

---

(1) Le nom de Dunan était un de ceux sous lesquels se cachait Duverne de Presle.

Plus le magistrat instructeur avançait dans sa tâche, plus il constatait, sans doute, que les témoignages recueillis par l'instruction étaient insuffisants pour étayer les accusations auxquelles les détenus opposaient les dénégations les plus absolues; plus il devait se faire cette conviction que les indications précises, irréfutables, de nature à bien établir les charges relevées contre les accusés, se trouvaient dans les rapports des agents secrets envoyés dans l'Eure et dans l'Eure-et-Loir par le ministre de la Police générale.

Le 10 thermidor, il avait demandé communication de ces rapports au ministre et, le 14 thermidor, celui-ci lui avait répondu par un refus :

« Vous me demandez, citoyen, par votre lettre du 10 courant, copie des trois rapports, par écrit, qui ont été faits à mon prédécesseur, par des agents secrets du ministère, relativement aux prévenus des départements d'Eure et d'Eure-et-Loir. Je vous observe que, dans l'envoi qui vous a été fait de toutes les pièces de cette affaire, se trouve un précis analytique et fidèle des faits, charges et préventions qui résultent, non seulement des rapports des agents, mais même de tous les renseignements particuliers qui m'ont été fournis à l'appui; que la minute de ces pièces n'ajouterait absolument rien aux renseignements que vous avez, et que les rapports des agents n'étant point, comme vous l'avez observé vous-même, des pièces juridiques, ils ne pourraient vous servir quant à l'instruction de cette procédure.

« Salut et fraternité.

« LECARLIER. »

Mais, s'il ne pouvait avoir communication des rapports, le directeur du jury entendit les agents eux-mêmes. Le 22 prairial, il avait écrit au « Bureau central du canton de Paris » afin d'avoir les renseignements nécessaires pour assigner comme témoins les trois agents : Legris, Lethrône et Génois. Le 5 thermidor, on lui avait envoyé les adresses, à Paris, de Legris et de Lethrône. En ce qui concernait Génois, le Bureau central écrivait :

« Quant au nommé Génois, il est en effet détenu à la Force, comme prévenu de complicité de vol et assassinat de douze à treize personnes domiciliées à Paris et qui, depuis environ dix-huit mois, ont été assassinées soit chez elles, soit ailleurs..... Il conviendra que vous décerniez un mandat d'extraction pour la comparution de ce dernier, et qu'il soit pris à son égard les plus grandes mesures de sûreté pour éviter son évasion, soit pendant le temps de la translation, soit pendant celui qu'il sera à Versailles. »

Ce renseignement n'était pas pour ajouter à la valeur des rapports faits par cet agent, voleur et assassin.

Le 7 thermidor, le directeur du jury entend Génois, qui « s'en rapporte au rapport qu'il a fait il y a huit ou dix mois ».

Le 22 messidor, comparution de Legris, qui prend aussi le nom de Schwartz. Celui-ci déclare « qu'ayant été chargé par le Gouvernement d'une opération de sûreté générale dans les départements d'Eure et d'Eure-et-Loir, qui avait pour but d'empêcher ces départements de devenir la proie du royalisme et de la guerre civile, il n'a fait autre chose que d'exécuter aussi ponctuellement et aussi secrètement qu'il a pu les ordres qui lui ont été confiés ; qu'il croit avoir réussi à sauver ces départements des malheurs qui les menaçaient, qu'il a rendu compte au ministre de la Police générale de toutes ces opérations ».

Entendu, le même jour, l'agent Lethrône déclare « que, par une commission du ministre de la Police générale, en date du 5 vendémiaire dernier, il a été chargé de se transporter à Dreux, Verneuil et lieux environnants, pour seconder les opérations dont était chargé le citoyen Schwartz... ; que, dans toutes ces opérations, il a mis autant de secret et de promptitude qu'il lui a été possible, et dans la conduite des prévenus, dont il a été également chargé, tous les égards que l'humanité et les circonstances pouvaient permettre ».

Ne pouvant avoir communication des rapports des agents, n'ayant rien obtenu de leur audition, se heurtant toujours aux dénégations persistantes des prévenus, ne trouvant rien de précis dans les dépositions des témoins, le magistrat instructeur était, en réalité, obligé de s'en tenir au « précis analytique et fidèle des faits », qui avait été joint au dossier par le ministre de la Police générale. L'accusation allait rester l'œuvre de la police et presque l'œuvre de l'agent Legris, qui avait été le grand chef de l'expédition policière dans l'Eure et dans l'Eure-et-Loir. Les résultats de cette expédition étaient succinctement résumés dans cette note :

« Des communications des trois agents, il a été recueilli : 1° qu'il y avait un agent de Louis XVIII à Dreux ; 2° qu'il a été écrit des lettres pour recommander le citoyen Legris ; que quelques prévenus avaient accueilli comme philantrope ledit citoyen Legris ; 3° que Legris et Génois se sont introduits chez plusieurs des prévenus au moyen de signaux philantropiques ; qu'il a été fourni par l'un des prévenus, administrateur alors de Verneuil, et feuille de route et passeport pour le prétendu frère de Legris, fuyard de la réquisition et émigré ; 4° que tous lesdits agents secrets du ministre de la Police générale affirmaient qu'ils avaient la certitude que tous ceux dont ils avaient la nomenclature étaient des membres de la Société royale philantropique. »

Quel cas fallait-il faire de toutes ces affirmations, y compris celles de Génois, affirmations que combattaient si énergiquement les prévenus, et que ne confirmaient pas suffisamment les dépositions des témoins?

Quel cas fallait-il faire également de ces notes secrètes fournies sur certains prévenus, remplies d'allégations sans preuves, pleines d'exagérations, faisant aux gens des procès de tendance, distribuant à tort et à travers, sur la foi d'on ne sait qui, les qualifications de *philanthropes*, de chouans et de chauffeurs, notes dont les jurés ne devaient, d'ailleurs, tenir aucun compte, et dont voici quelques échantillons :

« B... (1), de Verneuil. — Ayant fait un voyage à Rouen pour procurer des armes aux philantropes, chouans, etc. Il est, de même que M..., l'un des agents directs et principaux de Louis XVIII.

« N..., notaire à A... — Dépositaire et distributeur des fonds qu'A... est venu chercher à Paris pour les royalistes ; de plus, philantrope.

« B..., commandant la Garde nationale à Evreux. — Dirigeant, avec Truy, une partie de la correspondance royale, et l'homme de son pays le plus important à la faction philantropique royale.

(1) Nous croyons convenable de supprimer les noms.

« D...-G... fils. — Philantrope, fidèle imitateur de son père et imbu des mêmes principes contre-révolutionnaires, s'étant trouvé de toutes les patrouilles chouannes et royalistes, provoquant par toutes sortes de moyens les républicains, les insultant même en tirant des coups de fusil dans leurs fenêtres et, notamment, dans celles des fonctionnaires patriotes.

« M..., de la commune d'Ivry-la-Bataille. — A fait un voyage en Angleterre et en a rapporté de la poudre et des armes destinées au service des royalistes. Ce personnage est un des agents principaux et directs de Louis XVIII. Il n'a aucune résidence fixe, mais il parcourt perpétuellement les départements de l'Eure, d'Eure-et-Loir et autres.

« Jarry, neveu du nommé T..., ci-devant seigneur de Sainte-Gemme. — Ennemi forcené des acquéreurs de domaines nationaux, faisant prêter le serment de fidélité à la royauté, procurant des armes à tous ses affidés, forçant les citoyens à rétracter des vérités qu'ils avaient pu exprimer et qui pouvaient le compromettre, lui et ses adhérents. Il devait commander un bataillon qu'il avait recruté pour le 18 Fructidor.

« R... — Philantrope, prêtre réfractaire, chargé de la correspondance avec Pavie d'Evreux, député déporté, et S..., chef des chouans du département de l'Eure et de la Seine-Inférieure ; et dans toutes les circonstances, ayant ostensiblement manifesté sa haine pour la République et le Gouvernement.....

« G... — Réquisitionnaire, philantrope, tenant avec son père des rassemblements de réfractaires et d'émigrés, chefs de leurs cantons, correspondants de la conjuration, hommes extrêmement entreprenants, embaucheurs et chauffeurs, agitateurs éternels..... Liés habituellement avec Duval-Gauville et tous les nobles.

« M..., notaire à X..., près Dreux. — Cet homme est encore un de ceux entre les mains duquel on a versé des fonds provenant de la caisse apportée de Paris, la veille, par M. A... Il était, avec le curé S..., le chef des philantropes de son canton, et correspondait avec les philantropes de Dreux, d'Ivry et d'Anet. Sa conduite, depuis la Révolution, ne s'est jamais démentie ; il s'est constamment montré l'ennemi de la République et du Gouvernement.

« Murphils (ou Murphy), demeurant au château du Grand-Courteille. — Prêtre irlandais, se disant chargé de l'éducation des enfants qui sont au château, homme presque inconnu à tous les habitants des environs. Philantrope d'autant plus dangereux qu'aucune de ses démarches ne sont en évidence, qu'il était en relation directe avec les agents du Roi, A..., B... et M..., dont il est fort estimé, et qui, disaient-ils, d'après les aveux mêmes de P... et B..., rendait aux conjurés les services les plus signalés par ses connaissances étendues. Il a vécu longtemps, dans la plus grande intimité, avec l'émigré de Carency, gendre de la maîtresse du château, qui n'a quitté ce domicile que depuis la révolution du 18 Fructidor.

« A..., de Conches. — Philantrope, capitaine d'une compagnie de chouans dès l'organisation de cette troupe assassine et spoliatrice. Depuis et toujours ayant conservé et exercé cet emploi; étroitement lié avec les chefs des philantropes de son canton, colporteur et distributeur d'affiches royales, et l'un des coupe-jarrets dont se sont servis les émissaires de Louis XVIII pour commander les nominations au mois de germinal dernier.

« H... — Philantrope, curé, homme d'un caractère féroce, embaucheur, chauffeur et distributeur de fonds ; les philantropes l'accusent d'en avoir détourné une grande partie pour remonter sa fortune ; très étroitement lié avec les nommés B..., ex-prieur, et maintenant curé à Ivry, et Le N..., notaire à A..., colporteur de placards incendiaires dans les campagnes, ayant attaché un fil de fer, qui correspondait de la cloche de son église dans son grenier, pour sonner le tocsin à sa volonté. Ayant chassé à coups de pistolet tous les républicains de l'Assemblée primaire aux dernières élections.

« Nouvel. — Philantrope par excellence, royaliste outré, chargé de dresser l'état des enrôlements pour la Vendée qu'il se disposait à organiser, distributeur de fonds, ex-juge au tribunal, tenant chez lui un repaire de tous les conjurés de son canton, et vicomte de la Ferrière-sur-Risle ; ayant beaucoup d'empire dans sa commune et les environs, et l'un des acteurs les plus épouvantables des nominations royales qui se sont faites en germinal. »

En ce qui concerne ce dernier, on avait, en le qualifiant de vicomte de la Ferrière, fait une singulière méprise, qu'il avait rectifiée lors de son premier interrogatoire : « J'étais juge de la vicomté de la Ferrière et, en cette qualité, je jugeais comme vicomte de la vicomté, mais ce n'était nullement un droit honorifique et encore moins un titre, parce que je ne suis point né noble, mais bien dans la caste roturière. » Nouvel avait, en 1794, vu la mort de près, ayant été traduit devant le Tribunal révolutionnaire de Paris, avec la municipalité de Conches, sous l'inculpation de fédéralisme : « J'ai été cinq heures et demie *dans le fauteuil si connu de ce tribunal,* disait-il au juge de paix Creston. Je dois la vie au citoyen Robert Lindet, représentant du peuple du département de l'Eure, membre du Comité de Salut public, qui s'est présenté au tribunal au nom des deux Comités de Salut public et de Sûreté générale, et qui, ensuite, fit signer aux deux Comités un sursis à tous débats et qui, ensuite, obtint de la Convention nationale un décret qui fit défense à ce tribunal d'en connaître. »

Toutes ces notes de police devaient peu peser dans la balance et elles avaient peu pesé auprès du Directoire lui-même en ce qui concernait quelques-uns des détenus, dont il avait ordonné l'élargissement.

On ne pouvait également attacher une grande importance aux pièces manuscrites ou imprimées qui avaient été trouvées soit sur les prévenus, soit chez eux, et qui figuraient aux dossiers comme pièces à conviction. Si quelques-unes étaient séditieuses, les détenteurs donnaient de leur possession des explications acceptables qui leur enlevaient tout caractère délictueux.

Chez le chapelier Gastelais, on avait trouvé la formule imprimée d'un serment, qu'on prétendait être celui des philanthropes, et qui était ainsi conçu :

SERMENT ROYALISTE

LA RELIGION ET LE ROI

« Je jure devant Dieu d'oublier toute haine et vengeance particulière, de soutenir jusqu'à la mort la foi et la loi de nos pères et la gloire de Louis XVIII, roi de France et de Navarre, notre souverain légitime ; d'obéir en conséquence à tous les ordres émanés de mes chefs, et de ne quitter les armes, si elles me sont confiées, qu'après le relèvement de l'autel et du trône, et qu'on aura rendu à chaque royaliste tout ce qui lui appartient.

« Je jure aussi de garder le secret le plus inviolable de tout ce qui m'est confié. »

Chez le même accusé, on avait trouvé une autre pièce imprimée, ayant pour titre : *Instruction sur les serments décrétés aux mois de novembre 1790 et 1791, le serment de liberté et d'égalité, et les actes de soumission aux lois de la République,* et dans laquelle l'accusation relevait les passages suivants :

« Or, qui oserait soutenir que la puissance qui prévaut maintenant en France est légitime ? En vit-on jamais dont la naissance a été plus criminelle ? Où est le voile qui ait couvert le vice d'une si monstrueuse origine ? Et d'après quels principes prétendrait-on que la religion, qui ne peut s'empêcher de déclarer à l'homme coupable d'avoir enlevé, par violence ou par fraude, le bien de son prochain, que, s'il ne répare ses injustices, il ne peut obtenir son salut, doit demeurer indifférente et muette, lorsque des sujets rebelles entreprennent de ravir le sceptre à leur roi légitime ?.....

« Ainsi, le prêtre qui déclare qu'il promet soumission et obéissance aux lois de la République, ou se rend coupable de supercherie, si, intérieurement et dans sa pensée, il borne et circonscrit la soumission et l'obéissance dont il fait la profession extérieure, ou s'engage réellement à se soumettre, à obéir à toutes ces lois sans aucune exception ni réserve. Mais, parmi ces lois, ne trouve-t-on pas celle qui autorise le divorce, celle qui divise les mois en décades et porte que le dixième jour est le jour du repos ; celles qui déclarent propriétés nationales les biens consacrés à Dieu, les domaines de nos rois, le patrimoine des émigrés, prescrivent la vente de ces biens, prononcent que les ventes qui en ont été faites sont irrévocables ; celles qui enjoignent aux juges de condamner à mort les émigrés rentrés dans leur patrie ; celles qui ordonnent aux fonctionnaires publics de jurer une haine éternelle à la royauté ? »

A Cherisy et à Vernouillet, on avait saisi chez les accusés M... et Va..., tous deux ministres du culte catholique, un imprimé intitulé : *Avis concernant l'exercice du saint ministère dans les circonstances présentes.* On y relevait, notamment, les passages concernant les acquéreurs de biens nationaux :

« L'acquéreur des biens appelés nationaux est détenteur du bien d'autrui ; la vente qui lui en a été faite (et il faut dire la même chose des reventes qui ont pu avoir lieu) est absolument nulle, et ne lui a point transmis la propriété. Il doit être dans la disposition de les rendre, aussitôt qu'il le pourra, à ceux à qui ils appartiennent, ou du moins de se soumettre entièrement à tout ce qui sera réglé sur ce point par l'autorité légitime.

« L'acquéreur desdits biens n'a pu et ne peut faire les fruits siens. Il a pu, et peut encore prélever sur ces fruits le montant des frais de culture ou d'entretien, et de l'imposition exigée de lui ; mais tout le reste des fruits appartient aux propriétaires légitimes des fonds.

« ..... Si, dans les circonstances actuelles, où il est impossible de rendre aux légitimes propriétaires les biens dont il s'agit, un acquéreur se trouve en danger de mort, pour mettre sa conscience en sûreté, il doit : 1° ne faire dans la distribution de son hérédité aucun emploi desdits biens ; 2° témoigner, en présence d'un nombre convenable de personnes que l'on pourra réunir auprès de lui, qu'il meurt avec le regret sincère d'avoir fait une acquisition si coupable ; 3° faire connaître à ses héritiers l'obligation où ils sont, et exiger d'eux la promesse de restituer aussitôt qu'ils le pourront, aux légitimes propriétaires, et les fonds et les fruits perçus, ou, du moins, de se soumettre entièrement à tout ce qui sera réglé sur ces objets par l'autorité légitime. »

Chez l'accusé V..., « ci-devant ministre du culte catholique, se disant cultivateur », on avait saisi une pièce manuscrite que V... cherchait à cacher sur lui au moment de son arrestation. Dans cette pièce, dont il reconnaissait être l'auteur, V... disait :

« Ne croyez pas que je sois assez lâche pour me soumettre à d'autres serments, et que je serve plus longtemps d'aliment à un gouvernement despotique et sanguinaire. J'en ai trop fait pour aider à appesantir le joug et à river les fers de ma malheureuse patrie. Je m'en repens devant Dieu, et lui en demande très humblement pardon, et je suis déterminé à effacer de mon sang tout serment, déclaration et soumission que la violence m'a extorqués, et qui ont été prononcés par la faiblesse ; je me sens assez de courage, avec l'aide du bon Dieu, pour prononcer moi-même mon arrêt de mort. Il faut une religion à la France, il lui

faut la religion de Jésus-Christ, religion que j'ai toujours portée
au fond de mon cœur, et qui fut toujours ma force et mon sou-
tien. Je l'ai enseignée, cette religion sainte et sacrée, pendant
vingt-cinq ans. Je l'ai prêchée dans différentes chaires avec
l'ardeur dont la vérité me pénétrait. Je l'ai discutée, cette religion unique et véritable, avec des savants et des philosophes, et
ces savants, ces philosophes n'ont pu s'empêcher de rendre
hommage à la sainteté de sa morale et de respecter ses mystères.
Eh quoi, leur disais-je quelquefois, emporté par la force de la
vérité, vous ne voulez pas de mystères, ô philosophes, et c'est
précisément parce que vous êtes philosophes et que vous avez la
clef des sciences, que vous devez vous reconnaître tout envi-
ronnés et investis des mystères de la nature. Tout, dans le fond,
est mystère dans la nature, et même, tout est mystère dans la
politique : et n'est-ce pas un mystère qu'une poignée de scélérats tourne la tête à des millions d'hommes au point de renverser,
de détruire, de fouler aux pieds les monuments les plus respec-
tables, et de finir par s'entr'égorger, et cela, pour assouvir la cupi-
dité et l'avarice de quelques centaines de scélérats ?

« O Français, pensez-y bien. Il vous faut un roi, et un roi fort
de caractère et environné d'un bon conseil, pour le conduire dans
le chemin de la religion, qui est celui de la paix. »

Lors du premier interrogatoire de V..., le juge de paix Creston lui avait demandé si cette pièce était destinée à recevoir de
la publicité ; on avait supposé qu'elle devait être imprimée et
placardée. V... avait nié que ces lignes eussent été écrites pour
d'autres que pour lui-même; il avait ajouté :

« Mon opinion, que je n'ai communiquée à qui que ce soit,
était, quand j'ai vu la lutte qui existait entre le Directoire et
les deux Conseils, les brigandages qui s'exerçaient dans la République, les chaos des finances, qu'il serait peut-être plus utile
que les Français se choisissent un roi, sans que la puissance
et l'autorité fussent ainsi divisées, sentiment qui m'est personnel,
et cependant contre lequel j'ai protesté subséquemment, en
jurant haine à la royauté, à l'anarchie, et fidélité et dévouement
aux lois de la République..... Au surplus, j'invoque la Constitution et la Déclaration des droits de l'homme sur la liberté des
opinions. »

Chez l'accusé Lambert, « ci-devant garde forestier du ci-devant comte de Menou émigré », on avait trouvé, saisi et retenu dans le dossier, comme pièce à conviction, une copie grossièrement écrite de la pièce suivante :

« Copie d'une lettre qui plut à Dieu de donner à son peuple français.

« Je vous écris pour vous avertir que vous sanctifiiez les jours de fête et de dimanche, et les jours de piété l'assistance aux offices divins, et assistant les pauvres dans leur nécessité et autres bonnes œuvres, suivant votre état, vous serez béni de moi. J'ai travaillé six jours à la création du monde, je me suis reposé le septième ; expliquez ceci à vos enfants et domestiques, vous serez comblés de bénédictions..... Cette lettre a été trouvée à la Bastille par un enfant de dix ans, écrite en lettres d'or, un jour de dimanche. »

Il eût été puéril de considérer cette pièce comme une charge sérieuse contre son possesseur, quand bien même on aurait vu, dans une phrase, une protestation séditieuse contre le repos décadaire.

Au dossier figure également un petit opuscule imprimé, de quatre pages, qui, sous forme de commandements, met hors l'Eglise les prêtres assermentés :

Maximes de l'Eglise catholique, apostolique et romaine
à l'usage des fidèles
pendant le temps de schisme et de persécution.

1

Aux hommes tu obéiras,
Mais à Dieu préférablement.

2

Une foi tu professeras,
Celle de Rome uniquement.

3

Au Pape tu te soumettras,
A un Evêque pareillement.

4

En eux seuls tu reconnaîtras
L'Eglise et son gouvernement.

5

Aux vrais Pasteurs tu montreras
Un inviolable attachement.

6

D'eux seuls toujours tu recevras
Les Sacrements, l'enseignement.

7

Des Schismatiques tu fuiras
Messes, Sermons également.

8

A eux ne te confesseras
Qu'au cas de mort uniquement.

9

Et même alors ne le feras
Qu'à défaut d'autres absolument.

10

Avec soin tu te garderas
De te souiller par leur serment.

11

Et dans ta maison tu prieras,
Si tu ne le peux autrement.

12

Des intrus tu déploreras
Le pitoyable aveuglement.

13

Devant eux ne te marieras,
Tu n'aurais pas de Sacrement.

14

Pour tes persécuteurs n'auras
Ni haine ni ressentiment.

15

Mais à Dieu tu demanderas
Leur conversion sincèrement.

16

Pour ta foi te glorifieras
D'endurer tout patiemment.

17

A sa perte préféreras
Les fers, la mort et son tourment.

18

Dans tes souffrances tu prieras
Un Dieu courroucé justement.

19

Et par tes pleurs détourneras
De tes péchés le châtiment.

20

Ces maximes enseigneras
A tes enfants soigneusement.

On fait un grief à l'accusé M... de ce que l'on a saisi chez lui un morceau de papier sur lequel il a écrit le couplet suivant de la *Chanson des Chouans*, dicté, dit-il, par un soldat de passage qui avait pris gîte chez lui :

Tambours nationaux, battez la retraite ;
Tambours nationaux, rendez les drapeaux.
Vous, petits soldats, gardes sans-culottes,
Les chouans viendront qui vous fusilleront.

Chez un autre, les agents ont saisi cette chanson aimablement séditieuse :

1

Si de tous les maux de l'absence
Mon triste cœur est agité,
Si je ne puis te voir, Clémence,
Accuses-en la liberté !
A d'autres temps, de mille entraves
Jamais je n'éprouvai l'ennui,
Mais alors nous étions esclaves,
Hélas ! l'on est libre aujourd'hui.

2

Il est donc passé, ce bel âge,
Ce temps où, libres de souci,
Nous nous aimions dans l'esclavage,
Sous les lois d'un fils de Henri.
Mais j'ai grand tort quand je regrette
Ces beaux jours éclipsés soudain ;
On m'assure dans les gazettes
Que je suis libre et souverain.

3

Tu vas croire que sur le trône
Où l'on m'a brusquement assis,
Enflé du titre qu'on me donne,
Je vais t'accabler de mépris.

Rassure-toi, chère Clémence,
Jamais je n'eus moins de fierté ;
Pardonne à ma triste puissance,
Prends pitié de ma majesté.

4

Si, par un étrange miracle,
Je cessais d'être libre un jour,
Alors je pourrais sans obstacle
Te voir et te parler d'amour.
Heureux moment, bonheur suprême !
Dans les fers quelle volupté :
Mais je me tais, car l'amour même
Est suspect à la liberté.

Puis vient une série de lettres de menaces adressées à des acquéreurs de biens nationaux, sous le couvert de l'anonyme.

A l'un d'eux, on a écrit :

« Monsieur, vous tenez du bien de M. de Brissac, qui vous a été vendu par des voleurs, et vous êtes un coquin. Je vous ordonne de l'abandonner ; faute de ce faire, vous aurez affaire à moi. Votre règne, le règne des gueux, n'est plus. Vous avez fait périr les honnêtes gens en partie, mais il en reste encore assez pour vous apprendre à vivre et pour vous faire rendre ce que vous avez volé. Vous l'avez acheté, dites-vous, et moi je vous dis que vous l'avez volé. Je suis depuis quelque temps dans le pays. »

Un autre a reçu la lettre suivante, non moins grossière et menaçante :

« Monsieur Le M..., vous savez que vous jouissez du bien qui n'est pas le vôtre. Je vous avertis que vous ayez à en sortir sous huit jours ; faute de ce faire, vous serez puni corporellement autant que vous le méritez, étant un gueux et un scélérat. Et comme nous passons à peu près dans ce temps-là dans le pays, si vous y êtes encore, vous pouvez être sûr de notre promesse et de votre récompense. »

A l'acquéreur d'un presbytère, on a écrit :

« Nous sommes informés de ta conduite depuis le commencement de notre malheureuse révolution, et que tu dois faire enlever les matériaux des bâtiments du presbytère de Blanday. Tremble, malheureux! Si tu as l'audace de le faire, tu subiras, par un juste châtiment, la peine qui t'est réservée. »

Ces lettres anonymes étaient attribuées à l'accusé Truy; un expert en écriture avait même affirmé qu'elles étaient de sa main, mais le jury de jugement devait donner tort à l'expert.

A l'accusé V..., on attribuait la paternité d'une pièce de vers très chaudement royaliste. V... s'en défendait, disant qu'il n'avait jamais su faire de vers français. Et le magistrat instructeur s'emparait de cette déclaration pour démontrer, par une analyse de la pièce, que V... devait en être l'auteur :

« Cette pièce, disait-il, a été faite avec chaleur, mais par un homme sans connaissance et sans habitude de la poésie française. Il suffit, pour cela, de remarquer le sixième vers : *Qui pourra sans frémir voir vos forfaits inouïs?* les septième, huitième, neuvième, dixième, onzième et douzième vers, tous de suite en rimes féminines; le trente-deuxième et le trente-troisième, dont les rimes sont discordantes; le trente-sixième et le trente-septième, qui sont aussi discordants; le cinquantième : *Bourbon, maîtrisé à cause de sa vertu*, et le dernier... V... dit qu'il n'a jamais fait de vers français, quoique, dans ses classes, il ait obtenu le prix de versification latine. Et cette pièce, en effet, n'est pas d'un homme qui a une connaissance parfaite des règles de la poésie française. »

Cette argumentation, tirée de la métrique, ne méritait peut-être pas de figurer dans un acte d'accusation, mais le juge Barbier n'avait pas beaucoup de ressources meilleures pour *corser* l'affaire. Ce dénûment peut expliquer l'importance exagérée donnée aux plus menus incidents; on arrive à la note comique dans l'histoire du drapeau en fer-blanc qui ornait la maison de l'accusé Fleury, marchand mercier à Verneuil :

« En messidor an V, il a été attaché, en dehors de la maison dudit Fleury, entre ses deux fenêtres, un petit drapeau en fer-blanc en forme de girouette, peint des couleurs noire, ventre de biche et blanche. Il s'avançait à un pied de distance de la maison, à dix-neuf pieds de hauteur, mais il ne surpassait pas le toit. Ce drapeau y est resté six ou huit jours et jusqu'à ce qu'ayant été remarqué et ayant été regardé comme un signe de ralliement contraire à la République, comme l'image de la livrée de Condé, les soldats du détachement de la force armée de la République stationnés à Verneuil en ont murmuré et en ont voulu la suppression. On ne s'est point adressé, pour obtenir cette suppression, à l'administration municipale, et le motif que plusieurs en rendent, c'est que ceux que la vue de ce drapeau affligeait n'espéraient rien de l'administration municipale de Verneuil.

« Comment ces trois couleurs d'une livrée odieuse aux républicains se sont-elles trouvées placées sur ce drapeau ou girouette? Ledit Fleury et le peintre annoncent que c'est par un pur hasard; que le peintre étant en train de peindre des enseignes fond noir et lettres jaunes, Fleury, n'ayant point indiqué les couleurs qu'il voulait et ayant demandé du meilleur marché, le peintre avait employé les trois couleurs jaune, noire et blanche qu'il avait sous la main.

« Mais pourquoi trois couleurs dont la réunion est odieuse? Pourquoi trois couleurs par bandes, à l'imitation des trois couleurs nationales, sur un objet destiné à être placé extérieurement, à la vue de tous, dans quel temps, dans le mois de messidor an V? »

Le commissaire du Directoire exécutif près l'administration municipale de Verneuil avait trouvé, un soir, sur son bureau, la copie d'une chanson royaliste qu'on y avait déposée, en son absence, pour le narguer. Un seul des couplets figurait au dossier :

Laisse là tes entreprises,
Viens sous les drapeaux du Roy;
Viens relever nos églises,
Sinon c'en est fait de toi.
Viens voir nos peuples de frères,
Qui professent même foi
En chantant comme nos pères :
Vive l'Eglise et le Roy!

Et le magistrat, rédacteur de l'acte d'accusation, ajoute : « Les autres couplets sont pleins des mêmes horreurs. » La chanson, à en juger par cet échantillon, devait être assez plate : la plaisanterie faite au commissaire du Directoire était peut-être de mauvais goût. Le tout ne valait pas tant d'indignation.

Ce ne pouvait être non plus un grand crime que d'avoir dans
ses papiers la chanson suivante, sur les *mandats territoriaux :*

LE PAPIER-MONNAIE

Sous le triste nom d'assignat,
N'ayant plus aucune influence,
Je prends le titre de mandat
Pour attraper encore la France.
Je me déguise de mon mieux,
Je change de figure;
Mais comment dérober aux yeux
La faiblesse de ma nature?

En vain sous ce déguisement
Je me dirai du numéraire.
Au tact me reconnaissant,
On me traitera de faussaire.
Serait-il imbécile ou fou,
Un rustre va dire, à ma mine :
Un mandat n'est pas le Pérou;
Nous connaissons son origine.

Au jour je ne suis pas encor,
Déjà ma valeur diminue;
Peu s'en faut que le louis d'or
A ma naissance ne me tue.
Partout mon plan est condamné;
On redoute mon existence.
Ce n'est qu'un habit retourné,
Disent tous les gens de finance.

Pourtant, si j'en crois les Cinq-Cents,
Qui veulent que l'on me fabrique,
Quoique papier, je suis argent
Et dois sauver la République.

D'Espagne je vaux les ducats
Et d'Angleterre les guinées ;
Par moi, nos valeureux soldats
Vaincront les puissances liguées.
Indigne d'un si beau destin,
C'est en vain que je veux m'étendre,
Trop heureux si quelque coquin
A cent de perte veut me prendre.

> Mais j'aurai la propriété,
> Que j'ai depuis longtemps acquise,
> De dépouiller la probité,
> D'enrichir partout la sottise.
> Aux dépens des honnêtes gens
> Des gueux je ferai l'opulence ;
> Aussi les Cinq et les Cinq-Cents
> Me chérissent en conséquence.

Pour justifier le nombre des arrestations opérées par les ordres du Directoire et la longue détention infligée aux prévenus par les lenteurs de l'instruction, il eût fallu apporter devant le jury de plus sérieuses preuves de culpabilité. Or, on n'avait fait à la plupart des détenus que des procès de tendances, sur la foi d'agents de police fort suspects, ou au moins maladroits.

Le juge Barbier disait, dans l'acte d'accusation :

« La conspiration, déjouée le 18 fructidor an V, avait trois caractères distinctifs : le premier, d'être conduite et tramée par des hommes qui, en vendémiaire an IV, s'étaient prononcés hautement et avaient pris une part très active aux mouvements qui tendaient à renverser la Convention nationale et la République ; le second, de favoriser les émigrés, les prêtres réfractaires, et de porter le peuple par tous les moyens au fanatisme religieux ; le troisième, de couvrir ce plan de contre-révolution en présentant sans cesse la crainte du retour du régime de la Terreur, en exaspérant sans cesse les esprits contre les citoyens qui ont rempli quelques fonctions pendant ce régime, et en enveloppant tous les républicains sous la dénomination odieuse de terroristes. »

La crainte du retour de la Terreur avait été certainement, chez la plupart des détenus, beaucoup plus réelle que ne le reconnaissait l'accusation. Après le 13 vendémiaire, les patriotes, les jacobins avaient, un peu partout, relevé la tête et proféré des menaces. Et l'un des accusés, administrateur municipal à Verneuil, se faisait l'interprète de la majorité de ses concitoyens, lorsqu'il prononçait publiquement ces paroles dont l'accusation lui faisait un crime :

« Aujourd'hui encore, les scélérats osent lever leurs têtes hideuses et menacer du retour de la Terreur ; mais le temps n'est plus où le simple regard d'un de ces monstres épouvantait tout ce qui l'environnait. La marque qu'il porte sur le front est ineffaçable : tous les Français se connaissant, ils sont surveillés, et, à la première attaque, ils seront anéantis. »

C'était encore la crainte du retour de la Terreur qui, dans une assemblée primaire, inspirait à l'accusé P..., prêtre constitutionnel, le propos suivant : « Je vous conseille de vous retirer et de ne pas voter, disait-il aux *patriotes*. Car, à quoi vous servirait de voter? Nos sujets sont désignés d'avance. Nous ne voulons point de terroristes; nous ne mettrons en place que les honnêtes gens. »

Les souvenirs de la dictature du Comité de Salut public n'avaient rien perdu de leur horreur : on n'avait pas encore oublié tout le sang versé et cessé de porter le deuil des victimes. Et, d'ailleurs, le magistrat instructeur se rendait bien compte de ces sentiments lorsqu'il disait, dans l'acte d'accusation :

« Le 9 Thermidor est une fête nationale célébrée dans toute la République. Ce jour chéri des républicains, qui a vu la liberté triompher des fureurs et des noirs projets d'hommes qui étaient parvenus à enchaîner les représentants du peuple, le peuple français et eux-mêmes, par les prestiges de toutes les défiances et de toutes les divisions, et par les excès et les fureurs d'un fanatisme politique, ce jour doit être célébré avec reconnaissance, comme une de ces grandes leçons inspirées par le malheur, comme une époque glorieuse de délivrance propre à éclairer sur l'avenir et à servir de préservatif contre toute espèce de tyrannie, quels que soient les titres et les noms dont on peut la décorer. »

Comment, après avoir ainsi rappelé et condamné « les excès et les fureurs du fanatisme politique », qui avaient signalé le régime de la Terreur, pouvait-on retenir comme une charge grave contre l'accusé Duval-Gauville le fait d'avoir appartenu à l'administration municipale de Verneuil, élue au mois de germinal an V, et dont le premier soin avait été de destituer, sous prétexte d'économies, les anciens employés et le commissaire de police? Le prétexte dissimulait, sans doute, insuffisamment le désir de faire disparaître les traces d'un régime détesté et ses chances de retour ; mais il ne fallait pas compter qu'on allait trouver des jurés pour condamner cette épuration.

« Le 14 messidor an V, dit l'acte d'accusation, la musique de la garde nationale et un nombreux attroupement de citoyens parcoururent les rues de cette commune ; ils s'arrêtèrent aux portes des administrateurs de germinal ; ils y donnèrent des aubades et y jouèrent des airs anticiviques, tels que *le Réveil du peuple*. Ils passèrent devant la porte de l'administrateur ancien sans s'y arrêter ; ensuite, se portant sous les fenêtres du commissaire du Pouvoir exécutif près l'Administration municipale, qui était déjà, depuis bien longtemps, en butte à leurs outrages et à leurs insultes, ils s'y arrêtèrent, y crièrent : A bas les terroristes ! A bas la République ! Il y fut proposé de chanter un *Libera* pour ce commissaire ; la musique accompagna ce cantique de mort, de provocation au meurtre, et joua lentement un air lugubre en se retirant. »

Quelque macabre que fût cette plaisanterie, c'était en grossir considérablement l'importance que la retenir comme un acte criminel.

Il en était de même, et ce devait être l'avis du jury, des agissements reprochés aux citoyens de Verneuil qui, dans la nuit du 10 thermidor an V, avaient répandu ou recueilli le bruit que les honnêtes gens allaient être égorgés par les terroristes, s'étaient armés, avaient fait des patrouilles accompagnées par des officiers municipaux, et jeté ainsi l'alarme parmi les patriotes. Il était bien permis de se demander si les prétendus alarmistes n'avaient pas été eux-mêmes très sincèrement alarmés.

On pouvait, sans doute, signaler comme illégale la complaisance avec laquelle, dans la commune de Verneuil, de faux passeports avaient été délivrés à des prêtres réfractaires et à des émigrés rentrés en France depuis le 9 Thermidor, et surpris par le coup d'Etat du 18 Fructidor et les nouvelles mesures de rigueur prises contre eux. D'ailleurs, l'accusé Duval-Gauville avait été condamné, pour ce fait, à un an de prison par défaut par le tribunal correctionnel de Louviers. Mais il était difficile de faire accepter comme des actes criminels des irrégularités dans lesquelles le jury ne dut voir que l'intention de soustraire des

Français à des persécutions dont l'immense majorité de la nation était lasse depuis longtemps.

Plus graves peut-être étaient les agissements de l'assemblée primaire de Verneuil, qui, par des arrêtés absolument illégaux, qu'on pouvait à bon droit qualifier de séditieux et qu'elle intitulait *de par le peuple souverain composant l'assemblée primaire de Verneuil*, suspendait des officiers de la garde nationale, ordonnait le déplacement des drapeaux de cette garde, se livrait à de véritables usurpations de pouvoir. Mais, vus de loin, après un long temps écoulé, tous ces faits se réduisaient aux proportions de querelles locales qui n'avaient pas compromis sérieusement la sûreté de la République.

Le Directoire exécutif avait, on l'a vu, ordonné l'élargissement de vingt-quatre des détenus du Temple. Le directeur du jury d'accusation de Versailles en fit mettre encore une dizaine en liberté au cours de son instruction, qui se poursuivit pendant quatre mois. Il ne retint que dix-sept prévenus.

Les 27 fructidor an VI et 9 vendémiaire an VII, s'étant convaincu que les délits reprochés aux détenus étaient de nature à emporter une peine afflictive et infamante et, après avoir entendu le commissaire du Pouvoir exécutif en ses conclusions, le directeur du jury rendit deux ordonnances portant que les dix-sept prévenus seraient traduits au jury spécial d'accusation, qui devait connaître, aux termes des articles 516 et 140 du Code des délits et des peines, et 243 de la Constitution de l'an III, des faits de rébellion contre tous les actes exécutoires émanés des autorités constituées.

Seize citoyens de Versailles « ayant les qualités et connaissances nécessaires pour prononcer sainement et avec impartialité sur le genre du délit » furent, en vertu de l'article 518 du Code des délits et des peines, choisis par le commissaire du Pouvoir exécutif près le directeur du jury. Sur ces seize citoyens, le directeur du jury procéda, le 10 vendémiaire, en présence du commissaire du Pouvoir exécutif, au tirage au sort des huit jurés qui devaient composer le jury spécial d'accusation.

Le 16 vendémiaire, à huit heures et demie du matin, sept des jurés désignés se réunissaient dans la salle du jury d'accusation, où se trouvait également le directeur du jury, assisté du commissaire du Pouvoir exécutif et du commis-greffier.

Le huitième juré, qui ne se présenta pas, fut condamné à dix jours de prison et 25 francs d'amende. Il fut remplacé par un juré tiré au sort, séance tenante, et qu'on envoya chercher par un gendarme.

Le jury d'accusation étant régulièrement constitué, le directeur exige de chaque juré individuellement : 1° déclaration qu'il n'a provoqué ni signé aucun arrêté séditieux et contraire aux lois et qu'il n'est parent ni allié d'émigré aux degrés déterminés par l'article 2 de la loi du 3 brumaire an IV ; 2° serment de haine à la royauté et à l'anarchie, de fidélité et attachement à la République et à la Constitution de l'an III ; 3° promesse prescrite par l'article 236 de la loi du 3 brumaire an IV du Code des délits et des peines, d'examiner avec attention les témoins et les pièces qui leur seront présentés, d'en garder le secret, de s'expliquer avec loyauté sur l'acte d'accusation qui va leur être remis et de ne suivre ni les mouvements de la haine et de la méchanceté, ni ceux de la crainte ou de l'affection.

Puis, les longues et fatigantes séances du jury commencent par la lecture, que leur fait le directeur du jury, de l'acte d'accusation, en présence du commissaire du Pouvoir exécutif.

Les dix-sept détenus sont prévenus « d'avoir participé sciemment et de complicité à la conspiration contre la sûreté intérieure de la République, qui a eu lieu dans les années IV et V, et qui a été déjouée le 18 fructidor an V, qui s'étendait dans les départements d'Eure et d'Eure-et-Loir, et dont un des moyens de complots était l'organisation d'une association royale connue sous le nom d'Institut philantropique, et l'enrôlement des soldats contre la République pour le succès de ladite conspiration ».

En outre, sept détenus étaient prévenus spécialement « de crime contre la sûreté intérieure de la République, en tenant des discours contenant des provocations au rétablissement de la royauté en France ». Le détenu Truy était prévenu spécialement « d'avoir, par abus de ses fonctions, provoqué les citoyens à désobéir à la loi du 7 vendémiaire an IV sur la police des cultes ». Il avait fait sonner les cloches pour convoquer à des cérémonies du culte catholique. Enfin, le détenu Duval dit Gauville était prévenu spécialement « d'avoir accepté les fonctions d'administrateur municipal en contrevenant aux dispositions de la loi du 3 brumaire an IV ». Cette loi excluait de toutes fonctions publiques les provocateurs ou signataires de mesures séditieuses et contraires aux lois.

Après la lecture de l'acte d'accusation, les jurés entendent la lecture des pièces relatives à cet acte, « autres que les déclarations des témoins et les interrogatoires des prévenus ». Ils entendent ensuite six témoins cités à la requête du commissaire du Pouvoir exécutif.

A trois heures, la séance est suspendue « pour donner le temps aux citoyens jurés de prendre de la nourriture ». Elle est reprise à quatre heures. L'audition de trente-sept témoins dure jusqu'à dix heures et demie.

Le lendemain, les jurés sont à leur poste à huit heures du matin. Jusqu'à deux heures, ils entendent trente-cinq témoins. De deux heures à trois heures, ils vont « prendre de la nourriture ». A leur retour, ils entendent le soixante-dix-neuvième témoin.

Puis, le directeur du jury, le commissaire du Pouvoir exécutif et le commis-greffier se retirent, en laissant aux jurés toutes les pièces, à l'exception des déclarations écrites des témoins et des interrogatoires des prévenus. Lorsque la délibération du jury est terminée, le directeur, le commissaire et le commis-greffier rentrent dans la salle, et le chef du jury remet au directeur l'acte d'accusation revêtu de la déclaration des jurés. Cette déclaration porte qu'il y a lieu de suivre contre huit prévenus seulement. Le directeur du jury ordonne immédiatement la mise en liberté des neuf prévenus contre lesquels il n'y a pas lieu de suivre, la levée des scellés apposés sur leurs effets et la restitution des objets leur appartenant qui avaient été saisis.

Restait à convoquer le jury de jugement. On était loin de la terrible simplicité des formalités du Tribunal révolutionnaire.

Les huit accusés qui allaient comparaître devant le jury spécial de jugement étaient : Gastelais, âgé de cinquante-neuf ans, chapelier à Dreux ; Roger, âgé de trente-six ans, vigneron à Moronval, canton rural de Dreux ; Germain, âgé de cinquante-trois ans, vigneron à Moronval ; Souillard, âgé de quarante et un ans, garde forestier, demeurant au Fidelaire (Eure) ; Jarry, âgé de trente-cinq ans et demi, ancien militaire, retiré du service par permission du chef de l'état-major de l'armée des Pyrénées-Orientales, demeurant à Beaulieu, canton de Saint-Maurice

(Orne), ayant demeuré à Saint-James, commune de Moronval; Lambert, âgé de quarante-huit ans, garde forestier en la commune de Montreuil, canton de Dreux; Duval dit Gauville, âgé de quarante-six ans, cultivateur, ex-administrateur de la commune de Verneuil, y demeurant; Truy, âgé de soixante ans, huissier, demeurant à Damville, chef-lieu de canton de l'Eure.

Le 29 vendémiaire, chacun des accusés comparaît en la chambre du conseil du tribunal criminel, devant le président de ce tribunal, assisté du commis-greffier, et en présence du commissaire du Pouvoir exécutif près le tribunal criminel. Le président fait subir à chaque prévenu un dernier interrogatoire et l'informe qu'il a le droit de choisir un ou deux amis ou conseils pour l'aider en sa défense. Sept des accusés désignent un conseil de leur choix; il en est désigné un par le président au huitième accusé.

Le 3 frimaire, le président du tribunal criminel écrit au président de l'Administration centrale du département de Seine-et-Oise, pour l'inviter, conformément à l'article 519 du Code des délits et des peines, à lui envoyer une liste de citoyens destinés à former un jury spécial de jugement. Le président Lépicier fait choix de trente citoyens, habitant tous Versailles, dont il envoie la liste, le 8 frimaire, au président du tribunal criminel.

Sur cette liste figuraient : le receveur général du département, le directeur de la poste, un conservateur et un administrateur du Palais national, un officier aux remontes, un professeur, un instituteur, un imprimeur, un officier de santé, un sculpteur, un artiste musicien, un *ancien* musicien, six commis ou employés au département et à la municipalité, deux architectes, un entrepreneur de bâtiments, un menuisier, un limonadier, un tapissier, plusieurs négociants.

Le 11 frimaire, les accusés sont amenés devant le président du tribunal criminel, en la chambre des interrogatoires. On leur présente la liste des trente jurés en leur faisant savoir « qu'ils ont le droit de récuser cette liste entière s'ils croient qu'elle a été formée en haine d'un ou de quelques-uns d'entre eux ». Ce droit ne leur était accordé que pour une première liste. Ils répondent qu'ils acceptent la liste entière, se réservant leurs récusations sur la liste qui leur sera présentée après le tirage du jury spécial.

Le même jour, devant le président du tribunal criminel, assisté du greffier, et le commissaire du Pouvoir exécutif « en la chambre du conseil près le prétoire criminel dudit tribunal », deux officiers municipaux de la commune de Versailles procèdent au tirage au sort du jury spécial de jugement, qui se compose de douze jurés et de trois adjoints : le chef du jury est le tapissier Monjardet.

Le même jour encore, les accusés sont amenés, individuellement, devant le président du tribunal criminel, assisté du greffier, en présence du substitut du commissaire du Pouvoir exécutif ; on leur présente le tableau des douze jurés et des trois adjoints ; on leur en délivre à chacun une copie, et on les avertit qu'ils ont la faculté d'exercer leur droit de réclamation dans les vingt-quatre heures sans donner de motifs, jusqu'au nombre de vingt récusations.

Enfin, cette longue affaire, qui préoccupait les pouvoirs publics depuis plus d'un an, se termine le 27 frimaire an VII, à deux heures et demie du matin.

Le jury de jugement avait eu à répondre sur trois cent quatre-vingt-treize questions, divisées en treize séries. Son verdict était une condamnation de la conduite du Pouvoir exécutif en cette affaire, aussi bien que de l'instruction faite à Paris et à Versailles. Il déclarait constant : qu'il y avait eu une conspiration, déjouée le 18 fructidor an V ; que cette conspiration avait eu pour but de troubler la République par une guerre entre les citoyens en les armant les uns contre les autres ; d'armer les citoyens contre l'exercice de l'autorité légitime ; de provoquer l'établissement d'un gouvernement autre que celui de la Constitution de l'an III ; de rétablir la royauté en France ; qu'il avait été tenu des discours provoquant à l'avilissement de la représentation nationale et au rétablissement de la royauté ; qu'il avait été fait des enrôlements d'hommes pour l'exécution de la conspiration ; qu'il avait été tenu des discours tendant à engager les soldats de la République à quitter leurs drapeaux ; qu'il avait été écrit des lettres anonymes à des acquéreurs de biens nationaux. Mais il déclarait, en même temps, qu'il n'était pas constant qu'aucun des accusés amenés devant le jury se fût rendu coupable de ces faits. Le verdict ne reconnaissait pas non plus comme constant qu'il eût existé « des pratiques et intelligences avec les auteurs de la conspiration déjouée le 18 fructidor an V,

par l'établissement d'une association royale dite l'Institut philantropique ».

Le verdict reconnaissait que l'accusé Duval-Gauville avait signé des arrêtés séditieux, pris des arrêtés contraires aux lois, et exercé des fonctions publiques depuis la loi du 3 brumaire an IV ; mais il déclarait que Duval-Gauville n'avait point commis ces actes « méchamment » et dans le dessein de désobéir à la loi.

Contre Truy était retenu le fait d'avoir provoqué directement, par ses ordres, des convocations à son de cloches pour l'exercice d'un culte « méchamment, pour désobéir à la loi sur la police des cultes, par abus de ses fonctions d'agent municipal ».

La constatation de ce mince délit était tout ce qu'obtenait une accusation si longuement, si laborieusement préparée.

En vertu de ce verdict, Cholet, président du tribunal criminel de Seine-et-Oise, déclare Jacques Duval-Gauville, Charles-Michel-Antoine Jarry, Louis Roger, Charles Germain, Charles Gastelais, Jean-Baptiste Lambert, Jacques-Alexandre Souillard et Truy acquittés de l'accusation de conspiration contre la sûreté intérieure de la République, et ordonne qu'ils seront à l'instant mis en liberté s'ils ne sont détenus pour d'autres causes ; conformément aux dispositions de l'article 1ᵉʳ de la loi du 22 germinal an IV, Jean-Philibert Truy est condamné en six mois d'emprisonnement ; enfin, le président, faisant droit aux réquisitions du Pouvoir exécutif, ordonne que Gauville sera conduit sous bonne et sûre garde en la maison d'arrêt de Louviers pour y subir, s'il y a lieu, l'exécution du jugement rendu contre lui le 18 germinal an VI.

Cinquante et un citoyens avaient été enlevés à leurs familles et à leurs affaires. La moitié d'entre eux avait subi une pénible détention de sept mois. Dans l'autre moitié, les uns n'avaient été relâchés qu'au bout d'une année ; les derniers avaient attendu pendant quatorze mois leur acquittement. Beaucoup d'entre eux sortaient de cette désastreuse aventure ruinés, malades, physiquement et moralement. Et tout cela pour faire condamner à six mois de prison un homme qui n'avait guère compromis les destins de la France en faisant sonner les cloches de son village. Voilà ce que le Gouvernement et la justice avaient su mettre au jour dans la grande conspiration des départements de l'Eure et d'Eure-et-Loir. Les *philanthropes,* les chouans, les chauffeurs qui, disait-on, avaient failli faire de ces départements une nouvelle Vendée, n'avaient pris corps qu'en la personne de l'inopportun sonneur de cloches de Damville.

Qu'il y ait eu dans les départements de l'Eure et d'Eure-et-Loir, voisins du Maine, de la Normandie et de leurs chouans, des menées royalistes très actives ; que les populations de ces départements, fortement impressionnées par les excès de la Terreur, fussent en grande partie hostiles au gouvernement républicain, c'était indiscutable, et le jury de Versailles ne l'avait pas nié. Mais le Directoire exécutif n'avait pas mis la main sur les vrais coupables. Ses agents secrets l'avaient mal servi. Ils devaient lui livrer des conspirateurs, et les malheureux qu'ils lui avaient signalés étaient, tout au plus, des peureux et des mécontents.

Le jury avait fait bonne justice des agissements maladroits ou malhonnêtes de la police. Et puis, on était las de proscriptions et de condamnations ; les bons citoyens souhaitaient ardemment l'apaisement et ne marchandaient pas l'indulgence. Comme les prétendus conspirateurs traduits devant le tribunal criminel de Seine-et-Oise, ils ne voulaient pas revoir les temps où l'on jouait si terriblement avec la liberté et la vie de tant de Français. Et le souvenir des atrocités du Tribunal révolutionnaire avait peut-être protégé, devant le jury, les anciens détenus du Temple.

VERSAILLES. — IMP. AUBERT 5, AVENUE DE SCEAUX

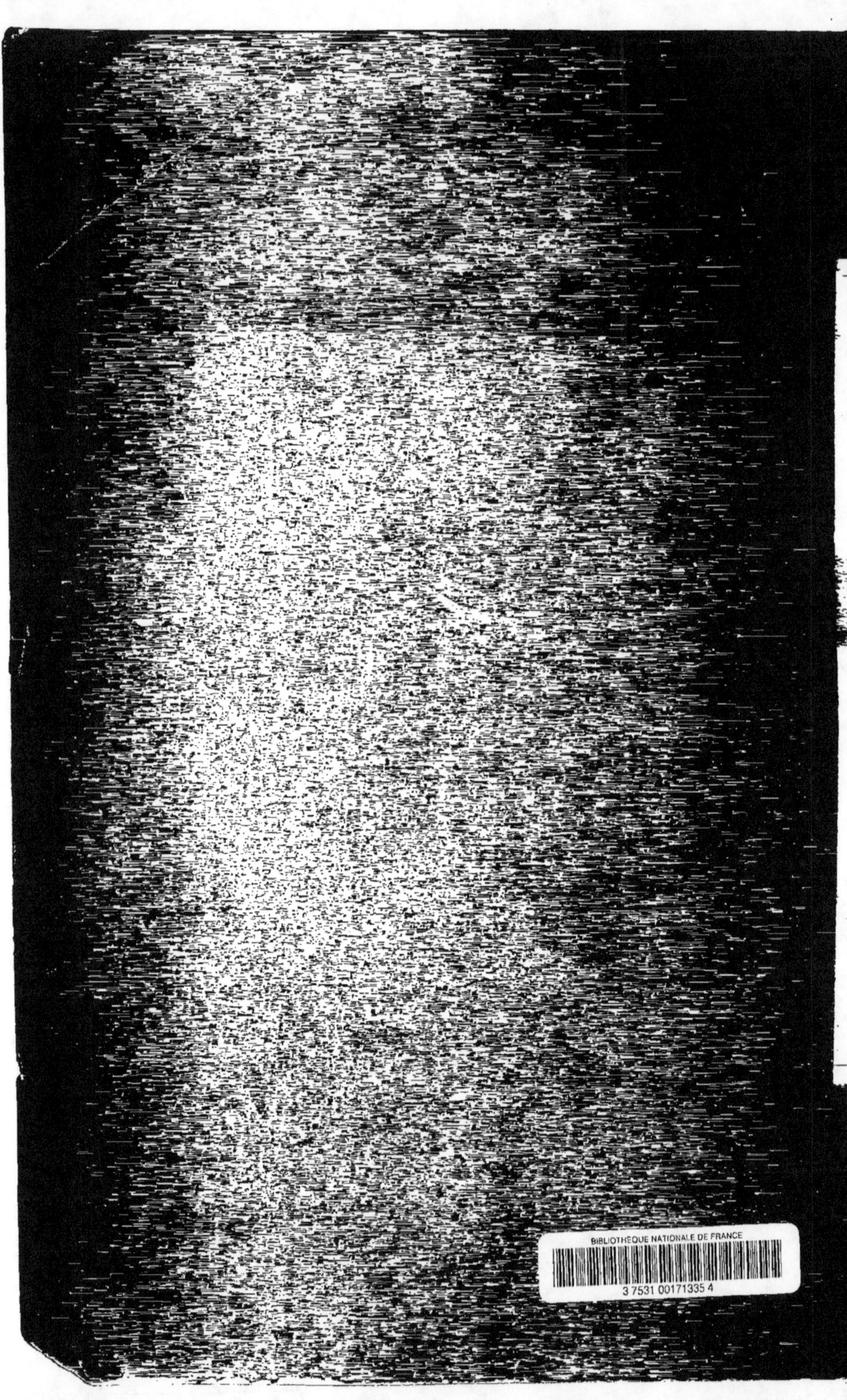

www.ingramcontent.com/pod-product-compliance
Lightning Source LLC
Chambersburg PA
CBHW051727050726
47598CB00003B/1077